諷詩調詩集 · 41

풍諷계戒집集 · 8

박진환 제59시집

지성·감성의 메타언어
조선문학시인선·377

諷詩調詩集·41

풍諷계戒집集·8

조선문학사

■ 책머리에

풍시조(諷詩調)는 이질적이고도 동떨어진 것을 결합시키는 원인적(遠引的) 비유의 미학이다.

2014년 初夏

박 진 환

박진환 제59시집 / 諷詩調詩集 · 41

풍諷계戒집集 · 8

차례

독단이거나 독선이다

원칙은 기둥이고 기둥을 세우기 위해선 받침대들이 있어야 한다
한그루 나무를 세우기 위해 삼발이에 의지하는 점과 같은 이치다
원칙 하나만으로 되는 경우는 대개의 경우 독단이거나 독선이다

못할 때가 있어서

원칙을 좇을 때만이 정도행의 행보는 나아간다
그렇다고 따르는 이가 없으면 외로운 단독행이 된다
단독행은 때로 나아가지 않음만 못할 때가 있어서

멀리 떠나버려

원칙 고수하다 따라주는 이 없으면 단독자행 못면해
단독자 못면해 고성낙일이면 가까운자 기뻐하고 먼자 찾아오긴커녕
가까운 이도 등 돌리고 멀리 떠나버려

※ 고성낙일(孤城落日) : 아무 도움 없이 고립된 정상의 처참함.

링컨이었지

민노총 · 한노총 손잡으면 총탄보다 강한 실탄 구실해
눈앞에 둔 선거, 선거도 전쟁인데 실탄 없이 싸우겠나
투표는 탄환보다 강하다고 한 분이 아마 링컨이었지

방언된지 오래여서

칼은 칼로 불은 불로 막는다 했던가
허긴 힘이 장땡, 힘없으면 죽은 목숨이지
너 죽고 나 사는 힘으로 사는 세상, 상생이란 말 방언된지 오래여서

삶을 사랑해서

휘는 나무는 꺾이는 법 없고 숙인 목 달아난 법 없지
굽힐 줄 알고 세울 줄도 알아야 하는 것이 삶의 지혜
지혜로 살아가는 삶보다 어리석음으로 죽어가는 삶을 사랑해서

배웠으면

철도노조 수배자 체포 위해 경찰 은신처 조계종 에워싸
전매특허품 포위망만 좁히지 말고 차제에
부처님 가르침 대승적 차원 좇아 풀어주는 법도 배웠으면

것이어서

논객들 약속이라도 한 듯 입 모아 대통령 불통 언급
불통이란 게 불자돌림 불평·불만·불쾌로 끝나지 않고
불자 사촌인 불똥까지 불러들일 수 있는 불씨 같은 것이어서

돌린 등

미 대통령 태프트, 백악관을 세계에서 가장 고독한 장소라 했던데
고독은 단독자였단 뜻과 함께 소통 부재였다는 뜻
소통 안돼 불통 못하면 보이느니 얼굴 아닌 국민들의 돌린 등

부처님 뜻 아니었을지

성탄절에 공교롭게도 교회 아닌 조계종에 스포트라이트
철도 파업주도자 은신 탓 말고도 다른 뜻 있었던 듯
짐작컨대 꼬인 정국 대승적으로 풀리는 부처님 뜻 아니었을지

나으니

입 달린 사람이면 철도노조 정치권 개입으로 풀기 희망
희망과는 달리 정치권 여야 생각 따로 행동 따로 입도 따로
따따로는 그나마 다행, 함구로 일관하는 불통보단 나으니

기름 안 될지

나라 안이 온통 철도파업으로 뒤숭숭 시끌벅적인데
정작 나랏님은 북녘 도발시 응징만 되풀이
만약은 언급하고 발등의 불은 침묵하니 침묵이 기름 안 될지

자사선생 안 계셔서

고가 · 저가 양극화로 중고가가 사라지고 있단다
물건만이 아닌 정치 · 노사 · 빈부도 중간대가 없는 양극화
양극화 극복 위해 중용 배웠으면 싶은데 子思선생 안 계셔서

※ 자사(子思) : 공자의 손자로 천인합일 철학을 제창한 中庸의 저자.

세상이거든

이 세상 모든 존재는 약육강식의 자연법칙에서 예외일 수 없어
동물의 세계이건 인간의 세계이건 이 법칙은 철칙이거든
더구나 현세는 너죽고 나살자로 하루에도 몇 번씩 죽는 세상이거든

달리할 뿐인 거야

강자는 다스리기 위해 있고, 약자는 다스림을 당하기 위해 있어
약자도 강자도 없는 세계나 강자만 있고 약자는 없는 세계는 없어
강약의 조율이 질서이고 힘에 의해 조율을 달리할 뿐인 거야

배아가 씨거든

배아는 밀씨, 종자의 인자가 피 속에 들어 있었던 거지
혈통이 그러하니 어찌 군국주의 씨로 안 자랐겠나
아베 거꾸로 돌려봐, 배아 아니던가, 배아가 씨거든

씨앗인 때문이지

순교자의 피는 교회의 씨앗이라 했던가
군국주의자의 피도 군국주의 씨앗이지
달리 아베겠나, 거꾸로 돌려 배아가 씨앗인 때문이지

중국 두고 한 말이었어

향후 10년 후면 중국경제 미 앞질러 세계 1위국 경제 전망
토인비 일찍이 유색인이 세계를 지배한다 했던 예언
미 오바마 두고 한 말인 줄 알았더니, 아냐, 중국 두고 한 말이었어

이미 떠났거든

철도 파업 협상결렬로 극한대립 첨예화, 그럴밖에 없어
말로는 안한다고, 속으론 전직 대통령도 못한 민영화 나는 한다거든
레일보다 견고한 복선이 깔려 '한다호' 철마 이미 출발했거든

실감나서

코레일 파업노조원 복귀 시한부 최후통첩
최선으로 출발한 것은 최악으로 끝날 수 없다던데 아닌가봐
최악의 죄는 미워함이 아닌 무관심이란 말 실감나서

부끄러워 어쩌지

상조회사 종업원 수입 자랑하며 연봉 와서 확인하라고 큰소리
큰소리완 달리 돈 떼일 상조업체 41곳이라는 공정위 발표
자랑 삼은 것까진 좋은데 41곳에 들어갔으면 부끄러워 어쩌지

불이고 뿔이지

중, 연도한자 나아갈 進자 뿔 角자로 바꿔야 할판
일 아베 망령으로 뿔따구 났거든, 이마에 나야만 뿔인가
화나고 열나고 분노 치솟으면 그게 바로 불이고 뿔이지

양반이어서 그렇지

일 아베 행동 두고 미는 골칫거리, 중은 해적 왜구로 표현
상것들 놀음 지켜보며 코리아는 점잖만 빼고
허긴 달리 동방예의지국이었겠나, 양반이어서 그렇지

양극화

지난해 연봉 억대가 41만 명이라니 4천만의 100인 중 1인 꼴

거꾸로 연 400만원으로 살아가는 하위계층은 얼마나 될지

통계 없어 모르지만 알 수 있는 것은 빈부의 첨예화한 양극화

악의 씨앗이란 등식

피는 못 속여, 일 아베 봐, 군국주의 피를 지녔거든
아베뿐인가, 북녘도 3대째 같은 혈통이거든
순교자의 피는 교회의 씨앗, 압제자의 피는 악의 씨앗이란 등식

노자로 놀 수밖에

철도는 사통오달이니 노조의 노자도 勞·怒·no로도 통하지
勞를 no할 수도 있고, no에 怒할 수도 있음이지
허니 이름값 하려면 명불허전, 노자로 놀 수밖에

※ 명불허전(名不虛傳) : 이름은 헛되이 전하여지지 않는다 함이니 명예로운 이름은 마땅히 들을만한 실적이 있어야 퍼진다는 뜻.

목에 힘주고 사신 분들인디

지난 1년 내내 국회의원 國害의원이었다고 혹평
국익 아닌 국가에 해만 끼쳤다는 뜻이렷다
그래도 꼬박꼬박 연봉 챙겨 목에 힘주고 사시는 분들인디

꼴찌여서

향후 10년, 2028년엔 중국이 세계경제 1위국 된다는 전망
예부터 달리 대국이라 했겠나, 세계 1위면 대국이지, 헌데
코리아는 꼴찌했으면 싶은 건 1위, 1위 했으면 싶은 건 꼴찌여서

아니어서

박근혜 정부 2014년 경제정책 살릴 전망 불투명 진단
민주 창조 앞세워 장밋빛 경제 제시했지만
경제란 게 창조란 구호로만 되는 것이 아니어서

됐거든

코레일 파업정지 취소자에 임금 +200% 위로금 지급했다데

목 안달아나고 임금에 보너스까지 꿩먹고 알먹고

요즘 세상이 그래, 너나없이 가롯 유다가 됐거든

경주마 시대거든

수색 국철 두고 민영화다, 아니다, 팽팽한 양극의 평행선
레일이란 게 민영화건 아니건 평행선 아니던가
달리고 달리다 보면 종점에 가 닿을 터, 철마도 경주마 시대거든

충실했거든

경이원지라 했던가, 순구식, 신식의 가치관은 다르거든
돈이 곧 신이고 신이 곧 돈이니 잘 모시려면 유혹을 당해야 진실
철도 노조 복귀자들 봐, 유혹에 진실로 충실했거든

※ 경이원지(敬而遠之) : 신을 모시어 마음을 깨끗이 하고 화복 때문에 마음을 유혹 당하지 않음을 이르는 논어에 나오는 말.

명언이지

자고로 가전통신이란 말 비웃음으로도 쓰이고 진실로도 쓰였어
두가지로 쓰이면서 만고에 버려지지 않은 말이니 명언 아니던가
명언이 별건가, 신하고도 통하고 인간하고도 통하면 명언이지

※ 가전통신(可錢通神) : 돈이면 신하고도 통할 수 있다는 말.

없어서

일 아베 수상 망동·망언·망발에 망상까지
방귀 잦으면 똥 싸듯이 망자 즐기다 망신 샀어
그러다 망령들지 말라는 법도 없어서

애물단지 안 될지

한국 내년경제 일 엔저가 수출 좌우할 걸로 전망
경제만이 아닌 정치도 경색일로로 전망 불투명
이래저래 골칫거리 아닌 장애물로 앞가리는 애물단지 안 될지

믿거나 말거나

정충리 옳은 일엔 한발짝도 물러서지 않겠다고 다짐
허면 옳지 않은 일엔 한발짝 물러서 봤던가
정치란 게 워낙에 속임수에 거짓말이어서 믿거나 말거나

알아야 하는데

한발짝도 물러설 수 없다는 정부 강공책에
노조 또한 한치도 물러설 수 없다고 투쟁강조
한발짝이건, 한치건 치를 굽히고 자를 뻗을줄 알아야※ 하는데

※ 작은 일을 양보하고 큰 일의 이득을 취할줄 알아야 한다는 유안(劉晏)의 말.

지켜주고 있는데

등 밀어준 미 훈수와 자위권 인정받고 일 기고만장에
골칫거리 · 왜구 · 망동 등 비난 직격탄 날리던데, 날리면 뭘해
야스쿠니 망령들이 수호신으로 지켜주고 있는데

답 찾았네

북, 드디어 식량문제 해결 내각이름으로 강조
암 그래야지, 금강산도 식후 구경인데
핵보다 쌀이 먼저라는 걸 알았으면 이제사 답 찾았네

해돋이 보면 바위 내려지나

세계가 전쟁이다, 테러다, 뭐다 어수선한 송년 분위기
묶은 것 버리지 못하면 새 것이 무슨 소용
묶은 것 못덜어낸 가슴의 무게 바위, 해돋이 보면 바위 내려지나

어둠 속에 레일 깐 격이어서

수서발 KTX 면허 야심한 한밤중에 발급
환한 대낮 다 놔두고 어둠 속 날인이라니
허긴 워낙 컴컴한 밀실 좋아해서이니 어둠 속에 레일 깐 격이어서

비아냥

미 WP지, 일 아베 신사참배 쓸데없는 도전이니 골칫거리라고 하고

중은 왜구라고 해적 취급이던데, 허긴 역사 도둑도 도둑은 도둑

코리아는 兒輩라며 언제 철들래, 비아냥

두 양극 레일

철마 달리는 레일은 두 평행선 어디선간 만나기 마련
정작 코레일 노사정보다는 더 양극으로 치닫는
불통의 두 기관사가 몰고 가는 한·일간의 두 양극 레일

못 면할 밖에

정부는 끝내 부자감세로 세법 선회하고
국회는 싸움하다 미뤘던 법안 무더기로 처리코 한해 마무리
허니 한쪽에선 침묵, 한쪽에선 소란, 자두연기 못 면할 밖에

※ 자두연기(煮豆燃萁) : 콩깍지를 태워 콩을 삶는다 함이니 형제끼리
미워하고 싸운다는 뜻.

입은 벙어리여서

2014년은 말띠해 갑오년, 말의 해 맞았으니
침묵 · 불통의 말문 열어 소통 · 대통으로 이어졌으면 좋으련만
말이란게 달리기는 좋아해도 입은 벙어리여서

인기 오를 기약 또한 없어서

박근혜 정부 1년, 여론조사 결과 인기 9%나 하락
그나마 올랐던 인기 미·중·불·독·영 등 강대국 순방의 외교덕
이제 남은 건 일본인데 만남 기약 없으니 인기 오를 기약 또한 없어서

화투놀이나 안 될지

대학교수들 갑오년 신년화두 전미개오로 정했던데

미오속 고해 표류 못면한 판국에 개오라니, 해탈 · 열반 없인 못여는

전미개오가 화두 아닌 話鬪놀이나 안될지

※ 전미개오(轉迷開悟) : 불교적 용어로 어지러운 번뇌를 벗어나 열반의 깬 마음에 이른 일을 뜻함.

빛을 보고자 하다니

새해 아침해 맞으려고 수십만 인파 해맞이 원정
뜬 해 가슴에 담았다고 묶은 어둠 밝혀질까, 어둠에의 친숙만이
빛의 귀함을 아는 법, 어둠도 못 보면서 빛을 보고자 하다니

안할지

소통이 밟아 미끄러진 소똥이라 할지라도 소통됐으면 싶고
침묵이 금 아닌 모래여도 좋으니 입 열었으면 싶은데
말해인 올해도 말문 닫고 불통으로 침묵이나 안할지

득점 없이 끝날지

북 김정은 새해 신년사 남북관계 개선 희망에
남 도발엔 응징 대응, 동상이몽이냐? 불통의 소치냐?
넘어온 공 받아 명 게임 할지, 에러로 득점 없이 끝날지

구경거리 안 될지

막판 협상으로 예산·국정원법·외축 등 가까스로 통과
통과는 됐지만 도처에 뿔 세운 복병 숨어 있어서
언제 세운 뿔 들이대고 벌인 뿔싸움 구경거리 안 될지

잃고 살아야 한다니

뜨는 해맞이 좋네마는 맞지 않았으면 하는 불청객 황사
제마다 외면하고 마스크로 얼굴 가려야 할판
제정신 잃고 산지 이미 오래인데 생얼까지 잃고 살아야 한다니

알고 자랑들인지

새해 예산 여는 늘렸다고 자랑, 야는 깎았다고 자랑
그 잘난 해넘이 예산 두고 부끄러워해야 할 여·야, 되레 자랑
자랑은 좋네마는 그 돈이 국민 혈세란 거나 알고 자랑들인지

무덤 신세

한국 독거노인 125만명, 늙기도 서러운데 외로움까지
따지고 보면 독거는 버려진 현대판 고려장
버려져 죽는 게 아니고 죽는 날까지 고독의 무덤 신세

허리가 없는 불구자더니

파산신고자 대부분이 중산층 이상자로 밝혀져
이를 두고 나온 진단, 중산층이 붕괴되고 있다고
어쩐지 양극화, 머리 · 다리만 있고 허리가 없는 불구자더니

길조냐? 흉조냐?

하락했던 대통령 지지도 신년 들어 56%로 상승
내린 것보다야 백번 낫지, 헌데 어찌 알고
가스 · 체신 · 과자류 등 다투어 따라 오르니 길조냐? 흉조냐?

동만도 못 하거든

모르면서 지껄이는 자와 알면서 말하지 않는 자의 침묵과
떠드는 것보다 웅변이 되고, 웅변이 없이도 말이 되는 침묵은 금
금도 금나름 말해야 할 때 봉한 금설폐구는 銅만도 못 하거든

※ 금설폐구(金舌蔽口) : 금으로 혀를 만들어 입을 가린다는 뜻이니 입을 꼭 다물고 침묵함을 이르는 순자(荀子)의 말.

남인들 믿을 수나 있겠는가

한국인 다른 사람에 대한 신뢰도 22%
믿음이 없어설까? 의심이 많아설까? 허긴
자기자신에 대한 신뢰도 못지닌 주제에 남인들 믿을 수나 있겠는가

마련인 것이 격랑 아니던가

올해 정가 격랑 예고, 6·4 지방선거가 죽느냐? 사느냐 판가름
죽지 않고 살아남으려면 딱 한가지뿐, 너 죽고 나 살사
죽여야 사는세상, 선거강풍 일면 일어서기 마련인 것이 격랑 아니던가

지혜 없는 자가 돼서

북의 화해 제스처 두고 연일 불러일으키는 의구심
의구심이란게 편하지 않는 자, 지혜 없는 자가 품은 마음이라던데
의심하자니 불편한 마음이 되고, 안하자니 지혜 없는 자가 돼서

점잖지 못하지

일본 어느 재상 한국과 정상회의 필요 없다고 호언
누가 필요 있다고 했나, 필요 외쳐도 우리가 외면하자 생소리지
생소리란 본디 쌍소리와 음이 사촌이어서 점잖지 못하지

말이 돼야 말인 것을

말의 해 말 좀 하고 삽시다, 말은
네 발굽으로 천리를 달리지만 말은 발 없이도 만리를 달리거니
천리만리 따져 뭣해, 십리를 달려도 말이 돼야 말인 것을

새겨볼 일이다

주인 섬길 줄 아니 충, 죽음을 두려워 않으니 용, 천리를 동행하니 의
배신하지 않으니 신, 죽이거나 취하지 않으니 선이 말의 5덕
말의 해에 말의 오덕과 함께 인간의 오욕의 부끄러움도 새겨볼 일이다

가려들을 일이다

복지도, 행복도, 정상화도, 창조도, 미래도 다 좋지만
말과 함께 하면 천리도 지척이지만 말과 따로면 십리도 아득해
말의 해, 참말과 거짓말 가려들을 일이다

설상가상이어서

중소기업의 새해 화두 새 일자리 창업이던데
새 창업 많이 생겨 일자리 창출에 경제 장밋빛 되면 금상첨화
헌데 어쩐다, 연약한 기업 현실 금상첨화 아닌 설상가상이어서

오석이거든

부처 1급 공무원 전원 사표설 정총리 오해라고 강조
강조할 것 없이 현오석 부총리가 해명해줬으면 좋았을 걸
오해 바르게 풀어 해석한 것이 오석이거든

싫지만은 않네

통장 잔고 1만 원 이하가 전체 계좌 절반
1만원 미만이면 통장 있으나마나, 가난은 싫지만
그중 나도 하나, 이웃 있어 외롬 나눠주니 싫지만은 않네

불 보듯 뻔해서

기업들 올해 1분기 전망 썰렁이란 진단서 내놓던데
썰렁이면 다행 아닌가, 꽁꽁 얼어붙은 정치동맥경화증에 비하면
창조경제 처방으로도 썰렁 못 면한 걸 보면 썰썰렁 불 보듯 뻔해서

금설폐구여서

1년 만에 갖는 대통령 기자회견 불통 불식 기대 크던데
불에서 소로, 소에서 대로 열려야 말 그대로 대통인데
글쎄요, 불통의 불자가 불로 녹혀 소성된 금설폐구여서

※ 금설폐구(金舌蔽口) : 혀를 금으로 만들어 입봉했다는 뜻.

세상 개벽할 것 같아서

당·청 종속관계, 대야 소통 부재, 둘 다 극복 기대
대통령 기자회견에 걸고 있던데, 글쎄올시다
기자회견 한번에 기대 충족이면 10번이면 세상 개벽할 것 같아서

무망지복

논객들 박대통령 침묵 · 불통 해소와 함께 들을 줄도 알아야 한다던데
봉한 입과 함께 닫은 귀 열어야 한다는 주문일 듯
주문 좇아 닫은 입 열고 귀 트이면 무망지복 아니겠는가

※ 무망지복(毋望之福) : 바라지도 않았는데 홀연히 얻어진 행복을 이르는
사기(史記)에 나오는 말.

자기 견해 밝힌 게지

대통령 기자회견 1년만에 가져선가 입입마다 기대 기대던데
미 오바마 대통령은 기자회견 다반사, 허긴 기자회견이 별건가
기자 거꾸로면 자기, 회견 거꾸로면 견회, 자기 견해 밝힌 게지

갈대

선 채로 바람 · 이별 · 세월이 되어버린 갈대
누가 여인의 마음으로 갈대를 읽었던가
바람 · 이별 · 세월이 만강노적의 주어인 것을

※ 만강노적(滿江蘆荻) : 강에 가득 찬 갈대.

비틀비틀

북녘 대포동 미사일만 무서운 줄 알았더니 아녀
일본 아베노믹스제 엔저 대포 명중률도 놀라워
직격탄 맞고 명동 비틀비틀

민주주의 안 했단 증거지

취임후 처음 갖는 박대통령 기자회견, 여·야 평점 엇갈려
여는 잘된 100점, 야는 잘못된 낙제점으로 평가 채점 달라
허긴, 대통령 기자회견 만점 나오면 민주주의 안했단 증거지

영 달라서

가계빚 1천만원시대 소득보다 빚이 더 늘어나는 경제비관론
빚은 자유인을 노예화 한다던데 동추서대 못 면하면 그럴밖에
나랏님 경제전망 장밋빛과는 달라도 영 달라서

달리 있었던가

1주일이 멀다하고 나타나는 미세먼지로 시야 흐려
시야만 흐리면 좋게, 정치도 경제도 흐리긴 매한가지
허긴 날씨고 정치고 흐린 날 말고 맑은 날도 달리 있었던가

목숨들 아니던가

중국 대기오염으로 1년에 120만 명 사망설
설로 끝나면 좋으련만 사실이면 우리네 목숨도 설 못 면할 판
허긴, 티끌 같은 세상에 티끌 같은 목숨들 아니던가

아닌지

가정 · 사회 · 국가적 문제 중 치매도 그중 하나
뜻있는 이들 치매대책 실종됐다고 개탄하던데
정책이 치매에 걸렸든지 입안자가 치매에 걸린 건 아닌지

고갯짓 비정상

새정부 이슈 중 비정상화의 정상화 눈길 끌어
빼뚤어진 정신들 비정상 못 면하고 사는데
글쎄, 정치도 치유, 정상화 될지? 의문부로 삐딱한 고갯짓 비정상

극과 극일 밖에

북에 억류된 케네스 배 다루기 위해 미 북이 초청하면 방북천명
방북 희망해도 예스할까말까를 초청 운운이라니
몰라도 한참을 모르니 극과 극일밖에

입방아 찧데

대통령 여당의원 초청만찬 두고 식사정치라 하던데
의원 · 협의원장 · 고문까지 여당일색 두고 논객들
야 외면한 채 여와 말 나눈다고 불통 해소 되냐고들 입방아 찧데

냉동지대인걸

세계 기상 한파·폭염·홍수로 양극화 이변
북극 한류와 남미 고온 도미노 때문이라던데
코리아라고 예외겠는가, 한파보다 더한 정치 냉동지대인걸

싫지가 않아서

북은 평양마라톤대회에 미 선수 참가허용, 미 로드먼은 김정은 옹호
북미 엇박자 맞박자 치는 건 아닌지
불통에 식상해선지, 남의 일인데도 싫지가 않아서

뻥 뚫릴지

박대통령 식사정치로 식상한 정치 신트림 잡힐지
잡혀 정치 소화불량 말끔히 치유될지
치유되어 불통으로 꽉 막힌 체증 뻥 뚫릴지

타 마시는 걸까

한국인 하루 흡연량 담배 25개비로 세계 평균 40% 웃돌아
잠자지 않고 24시간 피워대도 24개에서 1개 남아돌아
무슨 시름 그리 많기에 술에 연주까지 타 마시는 걸까

※ 연주(煙酒) : 정신을 취하게 한다는 뜻으로 쓰이는 담배의 이칭.

최하위거든

북 핵물질 관리 안전지수 30점으로 세계 최하위

최고·최하 따지는 게 부질없는 일

북엔 한사람 최고만 있고 그 외엔 예외 없이 최하위거든

꼬리아지

북은 핵 관리 세계 최하위
남은 국정교과서 운운으로 민주 최하 위험수위
달리 꼬리안가, 꼴자 꼬리 앞세우고 꼬리지부리니 꼬리아지

분통 끓이는 압력이어서

교학사 역사교과서 채택도 압력, 불채택도 압력이라던데
무슨놈의 교과서가 압력밥솥인가, 압력압력 해쌌게
밥솥이면 밥이라도 하지, 이놈의 압력은 분통 끓이는 압력이어서

못 면할 텐데

세계 인구 20억이 추위로 덜덜덜
덜덜덜 못 면하면 턱 빳든지 늘어나
빳고 늘어나 표정 바뀌면 원숭이꼴 못 면할 텐데

노인천국 되겠네

한국노인 60%가 만성질환 세 가지 이상 지니고 산다던데
유병장수, 무병급사가 이시대의 수명진단
지병 셋이면 장장장수, 노인천국 되겠네

화로 피 흘려

119 구급대 기사 분풀이 몽니 부리다 늑장 운전으로 해고당해
몽니란게 꼬라지와 함께 화의 근원이거든
몽니도 날 세우면 이빨이 되고 이빨에 물리면 화로 피 흘려

도 아닌 술이거든

원칙이 정도는 정도인데 정치란 게 도가 아닌 술이거든
무슨 술이냐고? 백성을 취하게 하는, 취해 홀리게 하는 어인술
지배, 사기술까지, 헌데 반생반숙이면 술 쓰다 제술에 취하게 돼서

※ 반생반숙(半生半熟) : 기술이 아직 숙련되지 못해 서툴다는 말.

온고지신

이상 한파에도 난방 없이 사는 구식
옷으로 추위를 조절하는 구식에 길들여졌음이야
길들여진 대로 구식이 더 따뜻한 온고지신

서툰 눈

오는 전화만 받으면 그뿐, 딱이 송신할 곳이 따로 없다
스마트폰·핸드폰 없이는 못사는 귀에 뿔 달고 사는 세상
흡사 짐승스런 새 풍경 앞에 하고 문명 속의 원시 못 면한 서툰 눈

난방법

내자와 내가 티격태격 하다가도 같은 거 하나
석유보일러 작동하면 누가 먼저랄 것도 없이 꺼버리는 일
'옷 한 벌 더 껴입어라', 우리집 난방법

따뜻함인 걸

이 추위에 왜 문을 열어놓고 난로는 안 피워요?
항의인지, 보기에 딱한건지, 동정심인지?
아무러면 어때, 나름대로 견디며 즐김이 따뜻함인 걸

분수 밖이지

신식이라고 다 좋은 것만도 구식이라고 다 나쁜 것만도 아니지
분수껏 살던 대로 살며 즐기는 안분지족
그보다 더 욕심하면 분수 밖이지

꼬레

북핵 관리지수 세계 꼴찌, 북만 꼴찐가
남도 OECD국중 꼴찌 부지기수
둘 다 꼴찌 못 면하니 전매특허품 꼴자 꼬레

믿을 것이 못 돼서

나랏님 국빈 나들이할 때마다 인기 상승그래프 그리던데
인도·스위스 이번 방문도 예외는 아니겠지
헌데 만약 예외라면 어쩌나, 그마저 믿을 것이 못 돼서

•

박진환 시인은 전남 해남 출신으로 동국대 국문학과를 거쳐 중앙대 대학원을 졸업(문학박사)했다. 1960년 동아일보 신춘문예(詩)·1963년 自由文學(문학평론)으로 문단에 데뷔했고, 국제PEN한국본부 사무국장 및 이사, 한국문협 고문을 역임했다. 제9회 시문학상, 제3회 비평문학상, 펜문학상, 윤동주문학상 등을 수상했고, 한서대학교 교수 및 예술대학원장을 역임했으며 현재 월간『조선문학』발행인 겸 주간으로 있다. 중요 저서로는 시집에『귀로』,『사랑법』,『꽃시집』,『三行詩抄』Ⅰ~Ⅺ『諷詩調』,『박진환시전집』Ⅰ·Ⅱ·Ⅲ·Ⅳ·Ⅴ·Ⅵ·Ⅶ,『物神時代』Ⅰ·Ⅱ·Ⅲ·Ⅳ·Ⅴ,『동굴일지』Ⅰ·Ⅱ·Ⅲ·Ⅳ·Ⅴ,『2012년 8월』에서『2013년 7월』까지,『풍계집·1』에서『풍계집·25』까지 76권의 시집이 있고 평론집으로『한국현대시인론』,『현대시론』,『21C시학과 시법』등 다수와『한국시의 공간구조연구』,『21C 시학』,『시창작론』,『諷詩調詩學』외 다수의 역저가 있다.

•

조선문학시인선 377

諷詩調詩集·41

풍諷계戒집集·8

2014년 8월 20일 인쇄
2014년 8월 30일 발행

지은이 / 박진환
발행인 / 박진환
펴낸곳 / 조선문학사
등록번호 / 1-2733
주소 / 120-853 서울 서대문구 통일로 389(홍제동)
전화 / 02-730-2255
팩스 / 02-723-9373

ISBN 978-89-98115-67-8

정가 10,000원